10 MOSSE PER DIVENTARE UN NUOTATORE PROVETTO

Prentice Sanders

Ringraziamenti

Grazie ai miei allenatori passati e presenti: Coach Scott, Coach Ryan, Coach Reed, Coach Nowjack, Coach Schutte e Coach Milo! Grazie per avermi spinto quando l'ultima cosa che volevo fare era riprovarci, continuare a contare o fare un altro esercizio.

Un saluto ai miei compagni di squadra. Voi ragazzi non siete solo persone con cui condivido questo percorso, siete anche la mia famiglia di nuotatori. Grazie per tutto il divertimento, le risate e i ricordi insieme.

E devo ringraziare con il cuore la mia vera famiglia per aver sopportato il profumo di cloro che esce ormai anche dai miei pori, le migliaia di miglia percorse e tutti gli incontri e gli allenamenti mattutini. Vi amo e vi apprezzo tantissimo.

Alle mie sorelle Preita, Priya e Prima ....PRENDETEMI SE CI RIUSCITE!!!!

Questo libro è per tutti voi.

È ora di passare al Livello successivo!

Prefazione

Ehi, futura stella del nuoto!

Benvenuto nella guida definitiva in cui il nuoto incontra il gioco........una combinazione che probabilmente pensavi impossibile, vero? Beh, ti consiglio di allacciarti le cinture perché stai per tuffarti in un mondo in cui ogni vasca percorsa, ogni tecnica padroneggiata e ogni sfida affrontata in piscina avrà una meravigliosa svolta ludica.

Proprio come nel mondo dei videogiochi, il nuoto richiede strategia, abilità e, talvolta, anche un po' di fortuna. Ma cosa succederebbe se ti dicessi che ci sono *cheat code* e potenziamenti nascosti disponibili nel mondo reale che possono portare il tuo gioco ad un livello successivo? Questo libro sarà la tua guida strategica, pronta ad aiutarti a salire di livello sia nel nuoto che nella vita reale.

Dall'estenuante fatica delle sessioni di prove libere alle epiche battaglie contro i boss degli incontri di campionato, scoprirai *cheat codes* e tutti i potenziamenti che ti aiuteranno lungo questo impervio percorso. Che tu stia cercando di stabilire un nuovo record personale o semplicemente desideri trovare nuovi modi per goderti un po' di più il viaggio che stai intraprendendo, questa guida sarà il tuo fidato compagno di cui non sapevi di aver bisogno.

E ricorda sempre, che sia in piscina o giocando al tuo videogame preferito, il viaggio è sempre incentrato sulla crescita, sulle sfide da superare e sul divertimento.

Allora, giocatore-nuotatore, sei pronto a sbloccare il tuo potenziale? Immergiti e saliamo di livello insieme!

Sprigiona la tua forza nel nuoto e nel gioco!

Prentice Sanders

Indice

Capitolo 1

$$\approx\!\!\!\!\approx$$

Sii Reale con i Tuoi Obiettivi

O kay, quindi vuoi migliorare nel nuoto, giusto? Siamo sulla stessa lunghezza d'onda allora. Ma non puoi semplicemente tuffarti in piscina e aspettare fintanto che non diventi Michael Phelps. Devi prefiggerti degli obiettivi e non semplicemente "voglio essere più veloce". Devi essere specifico, bro! Vuoi dare il massimo nei tuoi 100 metri stile libero? Fantastico, di quanto vuoi essere più felice? Di cinque secondi? Dieci? E quando? Al tuo prossimo incontro? Durante la fine della stagione?

Stabilire degli obiettivi è come stabilire un punteggio elevato in un videogioco. Devi sapere a cosa miri per farcela davvero. Quindi devi rendere il tutto SMART.

Hai capito bene, SMART è l'acronimo di Specific, Measurable, Achievable, Relevant, Time-bound; ossia, Specifico, Misurabile, Raggiungibile, Rilevante, Limitato nel tempo. Non è solo un gergo per adulti. Funziona davvero.

Scrivi questi obiettivi sul tuo smartphone o attaccali al muro della tua camera. Credimi, avere qualcosa da inseguire rende tutte quelle estenuanti prove mattutine e le vasche infinite molto meno noiose. Gli obiettivi possono essere considerati dei punti di controllo durante il tuo viaggio acquatico. Si assicurano che tu salga sempre di livello.

Ti capisco. Stabilire questi obiettivi può essere un po' intimidatorio all'inizio. Mettere nero su bianco che vuoi tagliare dieci secondi dai tuoi 200 milioni di IM? È tosto, eh. Ma questa è la cosa bella degli obiettivi: ti gasano. Se punti sempre a ciò che è facile, sarai sempre fermo allo stesso punto.

Ma se metti alla prova te stesso, anche se è un po' spaventoso, è allora che vedi la vera crescita.

Hai mai giocato a un gioco in cui sei bloccato su un livello fuori di testa per la sua difficoltà? Continui a fallire e hai voglia di lanciare il controller contro il muro. Ma poi, dopo tipo un miliardo di tentativi, ce la fai. Senti quella sensazione di conquista, di vittoria in tutto il corpo. Ecco cosa vuol dire stabilire un obiettivo di nuoto impegnativo. All'inizio è sicuramente frustrante, ma quando finalmente tocchi quel muro e vedi che hai infranto il tuo miglior tempo? Amico, non esiste un'emozione così.

Ma il punto è proprio questo: non si tratta solo di grandi obiettivi.

Dovresti anche stabilire obiettivi più piccoli e a breve termine. Considerali come minigiochi o missioni secondarie che ti aiutano a salire di livello e ad andare avanti nella missione principale.

Questi obiettivi potrebbero essere perfezionare la tua virata o aumentare la velocità in un mese.

Raggiungendo questi obiettivi diventerai più fiducioso e gasato per le sfide più grandi.

Ehi, giusto un'ultima cosa.....preparati a fallire. Tutti falliscono. Potresti ammalarti il giorno prima di un grande incontro o semplicemente avere una giornata libera in piscina. Ma va bene lo stesso! Questo non deve assolutamente rovinarti l'atmosfera. Ricorda perché hai fissato quegli obiettivi, cerca di smussarli se necessario e continua ad andare avanti. Il gioco non è finito finché non lo dici tu.

Capitolo 2

❦

Nuota bene, non forte

Benissimo, sappiamo tutti che la pratica rende perfetti. Ma parliamo onestamente: la pratica non segue uno schema fisso. Ecco perché devi aggiungere un po' di tecnologia al mix. Procurati uno smartwatch, un contapassi o anche quegli occhiali high-tech all'ultima modo che mostrano la tua velocità e le tue statistiche. Ti dicono come stai andando in tempo reale così da poter cambiare giro seduta stante. Non dovrai più tirare a indovinare. Questi strumenti sono davvero importanti per lo sport.

Ok, probabilmente hai sentito dire: "Lavora bene, ma il giusto", corretto?

Beh, non è solo una stupida frase da boomer. È un punto di svolta nel nuoto. Puoi passare ore a fare vasche, ma se non sai prestare attenzione a ciò che stai effettivamente facendo, è come giocare ad un videogame con gli occhi chiusi. Una perdita di tempo, amico mio. Hai mai visto qualcuno in piscina sempre con gli stessi punteggi? Allenati in modo intelligente, non solo con impegno.

E a proposito di numeri, devi usarli per capire dove stai sbagliando. Ad esempio, se noti che i tuoi tempi stanno aumentando durante la seconda metà della sessione, forse devi lavorare sulla resistenza. Oppure, se la frequenza della vasca è fuori controllo, devi approfondirla e diventare più ordinato. E non farmi nemmeno iniziare con virate e tuffi. Quindi utilizza la tecnologia per individuare i tuoi punti deboli e concentra la tua pratica su come risolverli. È come prendere di mira la testa del nemico in un videogioco. Colpisci e conquisterai tutto.

La tecnologia è fantastica. Ma ricorda, bisogna usarla bene. È come nei giochi in cui ottieni un oggetto super potente, ma non sai come sfruttarlo. Lo stesso vale per il nuoto. Non si tratta solo di avere gli occhiali più fantasiosi o l'orologio più bello. Si tratta di capire cosa significano quei numeri e usarli per salire di livello e diventare un pro.

Ora parliamo degli allenatori. Sono fondamentalmente come la guida o il tutorial di un gioco. Vedono cose che tu potresti non notare. Quindi, quando ti danno un feedback, anche se a volte può essere frustrante e antipatico, ascoltalo! Combina la loro esperienza con le tue statistiche e sarai sulla buona strada per migliorare. Il tuo coach potrebbe scoprire qualcosa nella tua tecnica da migliorare e la tecnologia sarà dalla sua parte con i numeri alla mano. È come avere una guida dettagliata del gioco nella vita reale.

Inoltre, e questo è molto importante, bilancia il tuo tempo tra tecnologia e sensazioni. L'acqua, la resistenza, il ritmo del tuo respiro. A volte devi sintonizzarti con il tuo corpo e sentire semplicemente il nuoto. Ricorda, gli strumenti tecnologici sono solo oggetti, non stampelle. Usali per migliorare il tuo allenamento, non per sostituire il tuo istinto.

Infine, confrontati con altri nuotatori. Condividi ciò che funziona per te e ottieni suggerimenti sulle loro esperienze. È come entrare in una comunità di gioco online, ma nella vita reale, o meglio in piscina. Tutti si impegnano, tutti provano a migliorare, e la condivisione delle strategie può aiutare tutti.

Capitolo 3

~

Trova la tua squadra

Hai mai provato a affrontare un videogioco da solo e poi ti sei reso conto che è molto più divertente farlo insieme a una squadra? Lo stesso vale per il nuoto. Credimi, quegli allenamenti alle 5 del mattino sembrano molto meno brutali quando sei circondato da amici altrettanto eccitati (o assonnati) come te.

La tua squadra è fondamentalmente la tua famiglia. Hai presente quei momenti in cui sei a metà di un set difficile e ti senti come se stessi per morire? È allora che un grido o un pugno da parte di un compagno di squadra possono darti la carica perfetta per finire alla grande. E non dimentichiamo gli epici applausi e i cori della squadra che scaldano tutti prima di un incontro.

Non c'è niente di meglio per aumentare l'adrenalina se non urlare il nome della tua squadra a squarciagola, dico bene? Quindi non sottovalutare la potenza della tua squadra. Non sono solo compagni. Sono i tuoi alleati di gioco, ti aiutano a completare le missioni e a superare i livelli dei boss più complicati.

Inoltre, i tuoi amici possono individuare cose che tu non noti. Magari non ti sei reso conto che stavi mettendo il braccio in una posizione sbagliata durante il dorso, e il tuo amico ti dice: "Ma che cavolo fai? Non si fa così". Proprio così, loro sono lì, pronti a darti la carica quando rallenti e a darti il cinque quando superi un tuo record personale. Abbiamo tutti bisogno di una competizione sana e amichevole per essere sempre sul pezzo.

E un'altra cosa fantastica dell'avere una squadra solida.....è l'essere capito!

Ad esempio, hai mai provato a spiegare agli amici che non nuotano perché ti alzi alle prime luci dell'alba o perché hai sempre fame? È come spiegare un videogioco a qualcuno che ne conoscono a malapena il nome. I tuoi amici nuotatori sopportano totalmente la fatica, i capelli pieni di cloro, l'appetito infinito, tutto. Non stai solo condividendo le vasche. Stai condividendo l'intero viaggio dell'essere un nuotatore competitivo.

Bisogna pensare anche ai momenti rilassanti. Le battute, i viaggi insieme, i momenti più divertenti in cui tutti, essendo sfiancati, iniziano a dare in escandenza. Questi ricordi valgono tutto il duro lavoro. È come quando tu e i tuoi amici giocate in coop e qualcuno fa qualcosa di esilarante o epico. È un momento che ricorderai per sempre.

Un altro consiglio da pro: crea un gruppo di amici diversi. Nuotare con qualcuno leggermente più veloce può spingerti al di fuori della tua zona di comfort. È la stessa sensazione che provi quando giochi con un amico che è leggermente migliore di te. Ti motiva a migliorarti. D'altro canto, affiancarsi a qualcuno più lento di te può aiutarti a concentrarti sul mantenimento di un ritmo costante e può aumentare la tua sicurezza personale.

Quindi, che sia per la motivazione, il feedback, i ricordi condivisi o semplicemente le risate, la tua squadra di nuoto è fondamentale. Come in ogni gioco cooperativo, insieme si è sempre più forti. Assicurati di coprire le spalle dei tuoi compagni di squadra e loro copriranno le tue.

Capitolo 4

∞

Parla con il Tuo Coach

Ok, allora ascolta. I coach sono i giocatori esperti che hanno superato tutti i livelli. Non sono lì solo per urlare, "più forte" o "stringi quelle maledette curve". Conoscono tutti i trucchi e i suggerimenti che non potresti trovare su Yahoo o Google. Hanno visto centinaia di nuotatori, analizzato milioni di bracciate e sanno cosa funziona e cosa no. Quindi, perché non sfruttare questa saggezza illimitata?

Quando il tuo coach ti dà un feedback, non limitarti ad annuire e dire "Ok". Scava più a fondo! Chiedi. Ad esempio, se ti dice che devi migliorare il fiato, non pensare semplicemente di farcela da solo. Chiedi cosa stai sbagliando e, soprattutto, come risolverlo.

Potrebbe darti degli esercizi super efficaci da fare. Devi solo chiedere.

Non sto parlando solo di fisicità. Il tuo coach può anche aiutarti ad un livello mentale. Ti senti nervoso prima di una grande gara? Hai difficoltà a concentrarti durante gli allenamenti? Sfogati con lui. Probabilmente, negli anni passati, hanno aiutato altri nuotatori a superare gli stessi problemi e possono darti consigli su come mettere a posto sia la schiena che la testa prima di tuffarti in piscina.

Il tuo coach è molto più di una semplice figura capace solo di urlare lì, a bordo piscina. È una risorsa, un mentore e talvolta anche un amico fidato. Quindi sfrutta al massimo questa relazione e osserva come può trasforma il tuo gioco in piscina.

Ora parliamo in modo reale per un secondo. So che avvicinarsi al tuo coach potrebbe sembrare un po' intimidatorio.

Voglio dire, sono in questo campo da anni ormai, ed eccoti qui, un giovane nuotatore che sta ancora cercando di capire come va il mondo. Ma ehi, la sai una cosa? Ogni giocatore o atleta professionista ha iniziato come principiante. Il tuo coach, non importa quanto sia bello o spaventoso, una volta era esattamente come te. È arrivato lì, dov'è ora, grazie a sconfitte e vittorie. Quindi, via quella paura e apriti con lui.

Ricordi quella volta in cui, mentre giocavi a quel videogame, sei rimasto bloccato in un livello e hai dovuto chiedere per forza aiuto a qualcuno? Forse era tuo fratello, o un amico o un forum. Ecco, nel mondo del nuoto quell'aiuto è proprio il tuo coach. È quel giocatore esperto che è già stato dove sei tu ora e conosce tutte le scorciatoie.

Inoltre, il feedback è una strada a doppio senso. Se qualcosa non funziona per te o non capisci qualcosa, bisogna dirlo.

Sicuramente c'è un altro modo per spiegare o dimostrare ciò che sta cercando di insegnarti. È come quando un amico cerca di mostrarti una mossa in un gioco e il suo metodo non ti convince. Una spiegazione fatta diversamente e boom, sei un pro ora.

Infine, conosci il tuo coach anche fuori dalla piscina. Parla di hobby, dei suoi incontri preferiti o anche dei suoi più grandi flop. Potresti scoprire che ha affrontato le stesse sfide e che può offrirti soluzioni più che utili. E chissà, potresti anche trovare un compagno di videogames. Dopotutto, sono umani (e forse giocatori segreti) proprio come te.

Capitolo 5

Equilibrio Scuola-Vita-Nuoto

Ok, la scuola è sicuramente già un lavoro a tempo pieno tra lezioni, compiti e attività extrascolastiche. Poi c'è la famiglia: dai una mano in casa, passa del tempo con i tuoi fratelli o semplicemente sii presente alle cene in famiglia. E non dimentichiamoci della vita sociale: esci con gli amici, gioca un po', posta su Snapchat e TikTok. Se ti impegni seriamente anche nel nuoto, avrai un programma più intenso di un'ape in un campo di fiori. Allora come gestire tutto questo senza impazzire?

La gestione del tempo è essenziale. Pianifica la tua giornata, in modo da non correre dalla scuola alla piscina per poi dover studiare a mezzanotte.

Anche il tuo cervello e il tuo corpo hanno bisogno di riposo. Trova il giusto equilibrio. Non vuoi essere quel nuotatore con 2 in Matematica sempre ultimo in educazione fisica.

Prima di tutto, procurati un'agenda o un'app per gestire il tuo tempo. In questo modo potrai vedere visivamente come trascorre la tua giornata e trovare spazio per tutto. Hai gli allenamenti di nuoto alle 5 del mattino e la scuola alle 8? Traccia tutto. Hai bisogno di pianificare i compiti? Inseriscili subito dopo cena o prima dell'allenamento. Usa saggiamente i periodi liberi a scuola. Forse puoi anticipare dei compiti, così avrai meno pensieri dopo.

Cosa fondamentale: organizza le tue priorità. Alcuni giorni, potresti dover concentrarti maggiormente su una verifica imminente e ridurre il tempo sociale.

Altre volte, potresti dover saltare una sessione di Hangout per riposarti abbastanza per un incontro importante. Sembra una cosa assurda, ma è la vita, amico mio.

Inoltre, non dimenticare i tempi di inattività. Se non te ne sei accorto, non sei un robot. Anche tu hai bisogno di riposo. Quindi, cerca di riservarti del tempo per rilassarti e distenderti. Guarda una serie su Netflix, leggi un buon libro o semplicemente ascolta un po' di musica. Riposare la mente è altrettanto importante quanto riposare il corpo per mantenersi in forma.

Quindi sì, bilanciare scuola, vita e nuoto è come diventare adulti a livello pro. Ma se lo fai bene, non solo diventerai un nuotatore migliore, ma sarai anche molto più avanti nel gestire la tua vita presente e futura.

Ora parliamo seriamente. Ci saranno giorni in cui ti sentirai senza fiato (non in piscina, grazie a Dio, ma nei compiti e nelle responsabilità). Succede a tutti. I giorni in cui hai una scadenza, la tua sorellina vuole uscire e il tuo coach aumenta l'intensità degli allenamenti. Uff, solo a pensarci mi viene l'ansia.

Ecco un trucco per te. Pensa ai compiti come a delle missioni secondarie in un videogioco. Alcune missioni sono urgenti, come uno scontro contro un boss o una sfida a tempo. Altre, come i potenziamenti dei personaggi o le sfide opzionali, possono aspettare. Hai una verifica domani? Questa è la missione principale. La sfida TikTok del tuo amico? Missione secondaria. Impara a identificare ciò che è cruciale e ciò che può aspettare. Rende il processo decisionale estremamente più semplice.

Comunicazione. Ecco un altro potenziamento.

Parla con la tua famiglia o i tuoi amici se ti senti sopraffatto. Potrebbero essere comprensivi, darti una mano o semplicemente ascoltarti. Mantieni sempre aperta la linea di comunicazione tra te e il tuo coach. Nessuno come lui può capirti! Per anni ha osservato giovani nuotatori destreggiarsi tra obblighi e responsabilità. Potrebbe fornirti qualche saggio consiglio, modificare il tuo piano di allenamento durante le settimane più caotiche o sbloccare un nuovo *cheat code.*

Ora, ecco un suggerimento subdolo... multitasking, ma fatto bene. Non sono un sostenitore dello studio durante gli allenamenti. Ma sarebbe davvero fantastico se tu riuscissi a farlo. Magari puoi combinare alcune attività, come ascoltare le registrazioni delle lezioni mentre fai stretching o fai degli esercizi leggeri mentre guardi la televisione. Si tratta di gestire il tempo in modo intelligente.

Chiedere aiuto è ok. Questa è una mossa da vero pro! Non ammettere la sconfitta affidandoti a un tutor o chiedendo a un compagno di squadra qualche consiglio su come migliorarti. Ecco come salire di livello! Chiedere aiuto non è un segno di debolezza, ma di saggezza.

Anche se destreggiarsi tra scuola, vita e nuoto può farti sentire come se stessi giocando al livello più impegnativo, ricorda che ogni livello ha i suoi *cheat code* e le sue scorciatoie. Hai tutte le abilità e i potenziamenti che servono. Ora è il momento di attivarsi. Inizia la gara!

Capitolo 6

✺

La Nutrizione è la Chiave

Ora parliamo di cibo. Se desideri aumentare la potenza della tua nuotata, non puoi farlo a stomaco vuoto o, peggio, con la pancia piena di cibo spazzatura. Lo so, lo so, la pizza, la Coca Cola e le patatine sono la vita, soprattutto quando esci con gli amici o mentre stai giocando. Ma se prendi sul serio il nuoto, devi trattare il tuo corpo come se fosse un tempio, e non sto scherzando. Stiamo parlando di passare dal *fast food* al *food food*. La nutrizione è come un potenziamento. I cibi giusti aumentano le tue statistiche, facendoti nuotare più velocemente, recuperare più velocemente e migliorare la partita.

Allora, cos'è il cibo combustibile? Immagina di essere un'auto sportiva ad alte prestazioni. Non riempiresti una Ferrari con benzina di basso livello aspettandoti che vinca la gara, giusto? Ebbene, lo stesso vale per noi. Il tuo corpo ha bisogno del giusto mix per assicurarti un livello altissimo in piscina. Pensa al cibo come a dei potenziamenti all'interno del tuo videogame preferito. Hai presente quelle icone scintillanti che ti danno stamina, velocità o salute extra? Questo è ciò che la corretta alimentazione fa per il tuo corpo nella vita reale.

1. <u>Colazione Boost:</u> Proprio come non puoi iniziare un gioco senza premere il pulsante "gioca", non dovresti iniziare la giornata senza fare colazione. Inizia con una combinazione di carboidrati, proteine e grassi salutari. Pensa ai pancake integrali con un po' di burro di mandorle e un contorno di frutta. È come prendere la prima moneta o la prima sfera di energia in un gioco.

2. L'idratazione Eroica: Conosci quei giochi in cui il tuo personaggio rimane senza mana o energia e rallenta? Sei tu senza acqua. Tieni sempre una bottiglia d'acqua a portata di mano e ricorda: quando hai sete, sei già disidratato.

3. Snack Potenzianti: Tra gli allenamenti, la scuola e il passaggio di livello nel tuo gioco preferito, bruci una quantità incredibile di energia. Tieni degli snack a portata di mano come frutta secca, barrette proteiche o yogurt. Considerali come delle pozioni di salute extra nel gioco, pronte a ricaricarti!

4. Punti XP della Cena: Il pasto serale ti permette di ottenere maggiori XP (ossia i punti esperienza). Proteine magre come pollo o pesce, carboidrati di quinoa o patate dolci e un arcobaleno di verdure faranno sì che le tue riserve di energia siano sempre riempite e i tuoi muscoli pronti a riprendersi e rinvigorirsi.

5. <u>La battaglia contro il boss - Pasti Tattici:</u> Ogni game ha i suoi *cheat code* e ogni atleta merita un pasto strategico di tanto in tanto. Serata pizza o gelato? Puoi farlo, ma ricordati sempre, una volta ogni tanto, non in maniera costante. Anche quando giochi, l'uso eccessivo dei *cheat code* può rendere l'esperienza meno gratificante.

6. <u>Salire di Livello con gli Integratori:</u> A volte, potremmo aver bisogno di una spinta extra. Integratori come multivitaminici o frullati proteici possono essere davvero utili, ma consulta sempre un coach o un nutrizionista. Considerali come potenziamenti rari, utili ma su cui non fare affidamento sempre e comunque.

Principali Attori della nutrizione:

Proteine: Queste non sono solo chiacchiere da palestra. Immagina le proteine come una pozione di salute. Ti sei mai sentito tutto un dolore dopo un duro allenamento? Ecco, quelli sono i tuoi muscoli che piangono e ti chiedono un po' di affetto proteico. Le proteine sono utilissime per la riparazione muscolare: aiutano infatti a rinsaldare i muscoli doloranti dopo una sessione intensa in piscina. Dopo l'allenamento, prendi un involtino di pollo, del pesce o anche un frullato proteico a base vegetale.

Carboidrati: Non ascoltare gli haters dei carbo, i carboidrati sono tuoi amici, sono i tuoi cristalli energetici. Hai bisogno di loro per una rapida mancanza. Pensa ai cereali integrali come il riso o la pasta.

Un po' di burro d'arachidi e marmellata su una fetta di pane integrale ed ecco un aumento istantaneo di resistenza.

Ma ehi, non tutti i carboidrati sono uguali. Attieniti sempre ai cereali integrali ed evitare la spazzatura zuccherata.

Grassi buoni: Neanche loro sono nemici. Immaginali come la tua armatura in un gioco di ruolo. Ti proteggono e ti danno energia duratura. Mastica qualche mandorla o un toast con avocado. No schifezze fritte, *please.*

Idratazione: pensa all'acqua come alla tua pozione di mana. È essenziale per lanciare i tuoi incantesimi o, in questo caso, per rimanere energico e concentrato durante la pratica.

Abbandona tutte quelle bibite zuccherate e quei drinks sportivi pieni di sostanze artificiali. Ti basta solo l'ACQUA! Bevi l'acqua per la maggior parte del tempo e, se hai davvero bisogno di una spinta durante gli allenamenti o le gare, scegli bevande con elettroliti naturali.

Tempismo: Non ti limiteresti a spammare pozioni di salute in un gioco, giusto? Lo stesso vale per l'alimentazione. Non c'è bisogno di divorare un pasto abbondante subito prima dell'allenamento. Ti sentirai come una nave che affonda. Al contrario, assumi un pasto equilibrato un paio d'ore prima e fai rifornimento con un buon mix di carboidrati e proteine dopo. Il tuo corpo dirà: "Nutrimi!" Quindi ascoltalo e dagli ciò di cui ha bisogno per riprendersi.

E questo è il nocciolo della questione. Tratta il tuo cibo come tratti i tuoi potenziamenti di gioco e guarda le tue statistiche di nuoto aumentare vertiginosamente. Il trucco è trovare ciò che ti aiuta al meglio. Proprio come avviene nei videogames, devi trovare l'attrezzatura, le strategie e i potenziamenti giusti per eccellere. In questo caso, i cibi più salutari sono i potenziamenti più utili. Mangiare bene non è solo per gli ultra-fit o per gli atleti professionisti, ma per chiunque voglia portare il proprio corpo perfettamente in salute in piscina. Credimi, i tuoi tempi ti ringrazieranno. L'equilibrio è fondamentale, sia nel gioco che a tavola!

Attenzione: mangiare bene non serve solo per nuotare più velocemente o virare più bruscamente. Riguarda il sentirsi bene, restare lucidi a scuola e avere l'energia giusta per sconfiggere il boss finale.

Dopotutto, non sei solo un nuotatore; sei un giocatore, uno studente, un amico: sei multidimensionale! E ogni parte di te ha bisogno del miglior carburante per continuare ad eccellere.

Capitolo 7

❦

Sali di livello con Dryland: Muscoli, Stili, Flessibilità & Recupero

Non puoi essere semplicemente un pesce. Devi essere un atleta!

Lo so, la terraferma può sembrare la tipica missione secondaria che vuoi semplicemente saltare per tornare a quella principale. Ma senti un po', se il nuoto è il gioco principale, allora devi vedere la terraferma come quei punti abilità extra che accumuli per darti un vantaggio. Hai mai giocato e trovato un potenziamento che ti rende quasi inarrestabile? Bene, ecco la terraferma per un nuotatore.

Stiamo parlando di allenamenti per il *core*, esercizi per le gambe e persino il buon vecchio cardio. Già, qualcosa di più del semplice nuoto. Potresti già tremare al pensiero di *plank* o *burpees*, ma questi esercizi ti aiutano davvero a sviluppare quella forza centrale di cui hai bisogno per una bracciata potente e virate che ti facciano sentire come se stessi planando.

Esci dalla piscina e vai in palestra. Solleva pesi, fai un po' di cardio, fai lavorare anche gli altri muscoli. L'allenamento su Dryland ti aiuta a sviluppare la forza per partenze migliori, calciate più potenti e curve più veloci. Consideralo come un allenamento incrociato per il nuoto. Quindi, hai sentito bene "devi andare in palestra". Ma di quali muscoli stiamo effettivamente parlando e come migliorano il nuoto?

1. **Forza del *Core*:** Pensa al core come alla CPU del tuo corpo. Questo elemento controlla tutto. Un *core* forte ti dà un equilibrio perfetto e stabilizza tutto il corpo durante ogni bracciata. Le assi sono le tue migliori amiche. Prova a fare

dei *plank* normali, laterali e per l'avambraccio
così da rendere tutto un po' meno monotono.

2. **Forza delle spalle e delle braccia:** Le spalle e le
braccia sono come armi. Che tu stia facendo la
farfalla o lo stile libero, questi muscoli generano
la maggior parte della velocità. Ecco perché, le
flessioni e gli esercizi con i manubri sono
fondamentali.

3. **Potenza delle gambe:** Nel nuoto, le gambe sono
essenzialmente il tuo *turbo booster* incorporato.
Ti aiutano a esplodere contro i muri, durante le
curve e ti danno quella velocità extra all'ultimo
giro. Squat e affondi sono perfetti per questi
muscoli.

4. **Muscoli della schiena:** Pensa alla schiena come
al sistema di supporto per tutti gli altri muscoli.
Sono fondamentali per una buona postura e
bracciate efficaci. *Deadlift* e *pull-up* possono
aiutarti a costruire una schiena forte e resistente.

Suddivisione per Stili

Stile libero: Il *core* e le braccia sono le superstar qui. Un *core* forte aiuta a mantenere il corpo piatto e stabile nell'acqua, e le braccia forti ti trascinano più velocemente.

Rana: Qui la potenza delle gambe è fondamentale. Quei calci richiedono quadricipiti e muscoli posteriori estremamente forti.

Aggiungi alcuni *leg press* e sollevamenti per i polpacci alla tua routine e al tuo allenamento.

Dorso: Spalle forti e un tronco solido sono essenziali. Anche i muscoli della schiena svolgono un ruolo importante, poiché ti aiutano a mantenere una rotazione continua.

Farfalla: Questo funge da pacchetto completo. Hai bisogno della forza di tutto il tronco per il movimento ondulatorio, della forza delle braccia per tirare e delle gambe forti per i potenti calci a delfino.

Va bene, questo è il *vademecum* su quali muscoli devi allenare per ogni bracciata. È come sapere esattamente quali abilità aumentare in un gioco di ruolo.

Scegli queste aree nel tuo allenamento e nuoterai come un professionista in pochissimo tempo!

Ok, ora sai perfettamente quali muscoli far salire di livello per ogni "modalità di gioco" (ovvero, le bracciate). Ma aspetta, non abbiamo finito. La prossima mossa da migliorare? Flessibilità e recupero. Fidati di me, questi sono come il raro bottino che trovi nei livelli segreti, capaci di rivoluzionare tutto il gioco.

Flessibilità: È come sbloccare nuove mosse. Più sei flessibile, migliore sarà la gamma di movimento che sarai in grado di fare e ciò significa colpi più fluidi ed efficienti. Hai mai visto quei nuotatori che scivolano nell'acqua come se avessero attivato dei *cheat code*? Sì, sono super flessibili. Lo stretching dinamico prima di un allenamento e lo stretching statico dopo possono aiutare a migliorare la flessibilità.

Anche lo yoga può rappresentare un punto di svolta. Consideralo come un livello bonus che aggiorna tutte le tue statistiche.

Recupero: Ok, sentimi. Non puoi semplicemente passare alla modalità bestia 24 ore su 24, 7 giorni su 7. Ogni eroe deve raggiungere il punto di salvataggio e ricaricarsi, e tu non sei diverso. Il recupero avviene quando i muscoli si riparano e diventano più forti. È qui che entrano in gioco elementi come i giorni di riposo e il sonno adeguato. Non devi assolutamene sottovalutarli! Sai come deve raffreddarsi la tua console di gioco e ricevere aggiornamenti? Lo stesso vale per il tuo corpo. Premi il pulsante pausa e concediti il tempo di inattività di cui hai bisogno. Credimi, tornerai più forte per il prossimo "game"

E poi... hai mai sentito parlare di prevenzione degli infortuni? Nessuno vuole essere quel ragazzo o quella ragazza sempre messo da parte a causa di continui crampi o dolori muscolari. Allenarsi in palestra ti aiuta a costruire quei muscoli stabilizzatori di cui non sai nemmeno di aver bisogno finché non senti la spalla pulsare. E credimi, lo stretching e il *foam rolling* potrebbero sembrare una palla, ma sono fondamentali per assicurarti di non essere rigido come una tavola nell'acqua. Quindi abbraccia questa routine. Pensala come un macinatore di punti XP. Potresti non vedere subito i vantaggi, ma questi appariranno nel momento in cui ne avrai più bisogno. Ricorda, la coerenza è la chiave. Non hai bisogno di attrezzature sofisticate o di una palestra all'avanguardia. Il tuo corpo è lo strumento definitivo. Assicurati di riscaldarti prima di ogni sessione e rinfrescarsi dopo.

Ecco qua, abbiamo appena concluso anche il Capitolo 7 con i segreti più reconditi sulla flessibilità e sul recupero. Considerali come dei potenziamenti che raccogli lungo il percorso. Usali saggiamente e sarai inarrestabile in piscina!

Capitolo 8

$$\approx\!\!\approx\!\!\approx$$

Padroneggia il Gioco Mentale

Ok, caro il mio giocatore-nuotatore, mettiamo in pausa per un secondo. Hai mai provato a giocare con uno schermo malmesso? Un disastro, vero? Ecco com'è una mente nervosa prima di una gara. Distorto, discontinuo e per niente vicino all'eccellenza. Proprio come non entreresti in un livello di gioco intenso senza l'attrezzatura giusta, i potenziamenti e un piano, non dovresti tuffarti in piscina senza aver preparato la tua bella testolina. Il gioco mentale è cruciale tanto quanto quello fisico, forse anche di più. È la differenza tra un nerd e un giocatore professionista.

La tua testa può rovinarti se glielo permetti. Ti è mai capitato di sentirti estremamente nervoso prima di una gara e poi di sentirti soffocare? Sei in piedi vicino alla piscina, con il cuore che batte fortissimo, e all'improvviso ti vengono quei pensieri: "e se dovessi sbagliare tutto?". È la tua mente che ti gioca brutti scherzi, bello. Ci siamo passati tutti.

Ecco un suggerimento: Crea una routine pre-gara. Potrebbe essere ascoltare la tua canzone preferita (ogni eroe ha bisogno di una *theme song*), fare esercizi specifici o persino recitare un mantra. Questo permetterà al tuo cervello di sentirsi dire: "È ora di giocare!", mantenendolo rilassato e pronto.

Questo potenziamento è come il trucco della visualizzazione. Ne hai mai sentito parlare? La visualizzazione è il tuo simulatore di gioco personale.

La tua mente è come un visore **VR**, dove puoi provare mentalmente ogni movimento, dai tuffi alle virate, finché non diventa tutto molto familiare, confortante persino. È come giocare più e più volte a un livello finché non saprai a memoria ogni salto, trovato tutti i potenziamenti e sconfitto ogni singolo nemico. Nel momento in cui ti esibisci fisicamente, il tuo corpo ha la sensazione di essere stato già lì, di averlo già fatto. Quindi trascorri qualche minuto prima della gara visualizzando ciò che potrebbe andar male: partenza perfetta, curve incredibili e sfondamento nell'acqua, toccando per primo quel muro. Rimarrai sorpreso da quanto questo possa aumentare la tua fiducia. La consapevolezza non è solo roba da hippie. Ti aiuta davvero a mettere la testa proprio lì dove deve stare.

Il prossimo potenziamento è la respirazione. Gli esercizi di respirazione sono i tuoi strumenti per la calibrazione mentale.

Pensa a quei momenti all'interno dei videogames in cui ti si chiede di ricalibrare il controller. Alcuni respiri profondi prima di una gara possono concentrarti e tenere a bada il nervosismo. Non sono solo consigli della vecchia scuola. È pura scienza!

Ehi, ricorda, ogni giocatore deve affrontare delle sconfitte. Anche tu. Non lasciare che una brutta gara ti rovini. Tutti hanno "i giorni no", quelle giornate in cui nulla sembra andare per il verso giusto, come quando il tuo visore VR ha problemi, il Wi-Fi è lento e continui a perdere a quel gioco online. Ma questo non significa che dovresti fare i capricci e smettere. Una gara persa o un obiettivo mancato non è la fine. È un'opportunità per rifarsi, imparare, adattarsi e tornare più forte. Mantieni la calma, usa la sconfitta come carburante per la tua prossima gara. Devi avere la mente già proiettata alla "prossima partita".

Parla con i tuoi compagni di squadra. Condividi le tue ansie e le tue vittorie. Far parte della comunità significa sostenere ed essere sostenuti.

Silenzia tutti quei pensieri negativi e dì: "Ci sono" Quando ti preparerai per la tua prossima gara, rimarrai stupito da quanto quella preparazione mentale ti porterà alla vittoria. Continua a far salire di livello la tua mente e sarai inarrestabile, non solo in piscina ma in ogni gioco, dentro e fuori dall'acqua. Facciamoli secchi, campione!

Capitolo 9

⸎

Mantieni il Divertimento Vivo

Arrivati a questo punto dobbiamo essere reali per un secondo. Se non ti diverti, qual è il punto? Fare tutti quei giri, quelle prove mattutine e quella pressione costante per perdere tempo possono diventare troppo intensi. Ma ehi, ricordi perché hai iniziato a nuotare? Non si trattava delle medaglie o battere dei record. Che si tratti della frenesia, del brivido di essere in acqua o semplicemente delle vibrazioni della squadra, ricorda tutti i momenti salienti.

Quando l'allenamento si fa duro o non raggiungi i record (personali), ricorda a te stesso quei momenti stupendi che ti hanno fatto innamorare di questo meraviglioso sport. Conserva nella tua mente alcuni screenshot delle tue gare migliori, dei momenti più divertenti con la squadra o anche di tutte quelle volte in cui ti sei impegnato così tanto da sorprenderti di te stesso. Quelli sono i tuoi punti di salvataggio a cui tornare quando il gioco si fa duro. Mantieni vivo il divertimento e non sarai solo un nuotatore migliore. Sarai anche più felice.

In mezzo a tutto questo, è facile perdere di vista il divertimento. Il nuoto non dovrebbe sembrare un compito a casa infinito che vorresti finire subito per poi dimenticartene per fare altro. Ma indovina un po? Hai il potere di capovolgere tutta la storia.

Sblocca Missioni Secondarie: Prova degli esercizi nuovi o magari fai una scommessa con i tuoi compagni di squadra. Il perdente deve fare una serie extra di sprint o comprare il gelato a tutti. Prova una staffetta divertente durante gli allenamenti o gioca in acqua. Non tutte le sessioni devono riguardare il superamento dei propri limiti. Di tanto in tanto, prenditi una giornata in cui organizzi degli scherzi in piscina con i tuoi compagni. È come quei minigiochi che interrompono l'azione principale. Una ventata d'aria fresca, no?

1. **Rilassati con la Tua Squadra:** Circondati di gente che comprende perfettamente la routine e sa anche come divertirsi. Racconta barzellette, crea sciocche strette di mano o organizza incontri post-allenamento. Forma una vera e propria lega, ma in piscina.

2. **Festeggia le Piccole Vittorie:** Hai finalmente svoltato o ti sei tolto qualche secondo di tempo? Festeggialo! Non è sempre necessario salire sul podio per sentirsi un vincitore. Ogni aumento di livello, non importa quanto grande o piccolo esso sia, merita una vittoria!

3. **Mixa Tutto:** Se il freestyle è la tua passione, perché non metterti alla prova con qualche giro a farfalla? Provare stili diversi può essere simile allo sbloccare un nuovo personaggio. È una

serie completamente nuova di sfide e divertimento!

Il motivo? Mantenere il divertimento vivo, anche durante l'allenamento. Non lasciare che la fatica trasformi la tua passione in un lavoro monotono e sempre uguale.

Certo, impegnarsi è importante, ma se diventa un qualcosa di ingrato, ti brucerai più velocemente della batteria del tuo telefono costretta a farti giocare tutto il sacrosanto giorno. Mantieni viva la scintilla, ridi delle perdite e tuffati di nuovo con un sorriso.

Modi per Divertirsi in Piscina (E Fuori)

1. <u>Minigiochi in Piscina</u>: Diventa creativo con le gare a staffetta! Forse un medley in cui mescoli i colpi in un ordine stravagante o nuoti all'indietro? Consideralo come quando sblocchi una modalità di gioco nascosta.

2. <u>Pratiche a tema:</u> Giornata dei supereroi, nuotata in pigiama o anche una festa di schizzi al neon retrò anni '80? Indossa abiti divertenti e goditi la festa.

3. <u>Sfide Post-Pratica</u>: Che ne dici di gare di canto subacqueo o battaglie di schizzi sincronizzati? È come provare quelle missioni secondarie così strane ma, allo stesso tempo, esilaranti.

4. <u>Picnic con la Squadra:</u> Organizza un pranzo a bordo piscina. Condividi i tuoi snack preferiti, scambia storie di nuoto e rilassati.

5. <u>Filma una Parodia di Nuoto:</u> Hai mai pensato di ricreare alcune scene epiche di film o giochi ma in acqua? Che ne dici di "Fast and Fluid"?

6. <u>Ospita una Simulazione di Olimpiadi:</u> Con categorie come "Miglior tuffo a bomba" o "Giro più lento". Così da divertirsi e fare il tifo.

7. <u>Serata Giochi da Tavolo</u>: Scambia la piscina per un tavolo e tuffati in giochi come Monopoli, Uno o anche Twister. Porta quello spirito competitivo anche qui!

8. <u>Swim Karaoke:</u> Fuori dalla piscina, prendi un microfono e canta a squarciagola i tuoi brani preferiti. Niente lega una squadra come una stecca condivisa.

9. <u>Avventure All'Aria Aperta:</u> Organizza un'escursione, una giornata in spiaggia o una gita in campeggio con la tua squadra. Sarà una sessione di recupero, ma con madre natura al vostro fianco.

10. <u>Giornata dell'Artigianato:</u> Crea braccialetti per tutta la squadra, dipingi opere d'arte a tema nautico o persino crea delle cuffiette con disegni super originali.

11. <u>Gara di Cucina:</u> Sfida i tuoi compagni di squadra a una gara di cucina! Scopri chi riesce a preparare il piatto di pasta più gustoso e ricco di carboidrati o il frullato più rinfrescante dopo una bella nuotata.

12. <u>Caccia al Tesoro:</u> Organizza una caccia a tema acquatico intorno alla piscina o nella tua zona. Trova oggetti come occhialini, cuffiette o una paperella di gomma.

13. Bingo: Crea carte bingo piene di gergo del nuoto, come "flip turn" o "calcio a farfalla". Il primo che grida "Bingo!" vince.

14. Danza Fuori dall'Acqua: Mostra a tutti i tuoi passi fuori dall'acqua. Magari prova alcune mosse ispirate "The Swimmers Salsa" potrebbe diventare una realtà.

15. Potluck World Tour: Ogni nuotatore porta un piatto proveniente da un paese diverso. Assapora queste novità culinarie senza dover per forza viaggiare.

16. Swim Story Time: Riunisciti con la squadra e condividi i tuoi momenti di nuoto più esilaranti o epici. Riunisciti con la squadra e condividi i tuoi momenti di nuoto più esilaranti o epici.

Capitolo 10

⚮

Rifletti e Perfeziona

Perfetto, quindi la stagione balneare è finita. Proprio come è finito quel gioco epico, vero? Che tu sia stato grande o che tu abbia avuto qualche intoppo lungo il percorso, è ora di premere il pulsante "pausa" e guardare indietro. La riflessione non è solo per i nostalgici o per coloro che scrivono un diario segreto. È come quando controlli le statistiche di gioco per vedere quanto sei salito di livello e riconoscere quali missioni secondarie non valevano la pena di essere fatte. Prenditi del tempo per rivedere la stagione appena terminata.

Quali sono state le tue vittorie, i momenti che "avrebbero potuto essere migliori" e quegli episodi in cui ti sei chiesto: "Cavolo, ma a cosa stavo pensando?". Analizza tutto come faresti con una strategia di gioco.

Quali mosse ti hanno fatto ottenere i punteggi più alti e dove hai perso punti preziosi?

Ora passiamo al *cheat code* del "Perfezionamento". Hai guardato la tua stagione come se fosse un momento saliente. Ora, scopri cosa devi continuare a fare e cosa, invece, devi rivedere. Il tuo dorso è troppo lento? Allora dovrai concentrarti su quello. Le curve non sono ancora così fluide come dovrebbero essere? Questa è la missione per la prossima stagione. Considera questi pensieri come una patch per un videogame.

Devi correggere i bug per rendere tutto più fluido. Ottieni feedback anche dal tuo coach e dai compagni di squadra. A volte, riescono a vedere delle cose che magari tu hai completamente perso. Approfondisci i tuoi punti deboli. Tuffati nei tutorial, ovvero chiedi al tuo coach, e trascorri più tempo in "modalità pratica". Perché, dobbiamo essere onesti, nessuno gioca per rimanere bloccato allo stesso livello per sempre, non credi?

Connettiti con la tua squadra. La modalità multigiocatore, ovvero le revisioni del team, possono darti spunti che potresti aver perso durante le tue sessioni in solitudine. La loro prospettiva potrebbe essere proprio ciò che stavi cercando. Quindi elabora il tuo piano di gioco per la prossima stagione.

Imposta qualcosa di nuovo, di più grande, e degli obiettivi più audaci che ti spingeranno a fare meglio. L'importante è mantenere il tuo gameplay fresco e stimolante.

Quindi è tempo di prepararsi, rigenerarsi e prepararsi a tuffarsi di nuovo per la prossima stagione. Ricorda che ogni giocatore o nuotatore professionista, come nel tuo caso, sa che il vero gioco inizia quando ragioni su queste lezioni, perfezioni la tua strategia e torni più forte di prima.

È ora di premere nuovamente il pulsante "Gioca" per la prossima stagione e raggiungere lo status di Eroe Leggendario!

Sali al Livello Superiore!

Epilogo

⚜

Ehi ragazzi, se siete arrivati fin qui, siete
sicuramente sulla strada giusta per diventare
ottimi nuotatori e leggende assolute in piscina. Questi
10 step saranno come una guida di gioco, una soluzione
super dettagliata e il tuo foglietto illustrativo per salire
di livello. Devi solo combinare allenamento, strategia e,
hai letto bene, divertimento.

Ma non dimenticare che questa non è un qualcosa di
"innato". Non puoi semplicemente leggere questo libro
e aspettarti di trasformarti in Michael Phelps dall'oggi al
domani. No, devi impegnarti, giorno dopo giorno. La
coerenza è fondamentale.

Pensa a ogni stagione come a una nuova uscita di gioco.
C'è sempre qualcosa da esplorare, sfide da superare e

punteggi più alti (ossia i tuoi record personali) da superare.

Ma non dimenticarti mai di condividere l'amore. Se questa guida ti ha aiutato, falla leggere anche ai tuoi compagni di squadra, alla tua famiglia o a chiunque voglia migliorare il proprio game. Perché alla fine, il nuoto non è solo una questione di fatica in solitaria, ma è uno sport di squadra. E quando ci sosteniamo, miglioriamo tutti.

Quindi continua così, rimani concentrato e ricordati di divertirti lungo il percorso. Chi lo sa? Forse la prossima volta che ti tufferai in piscina, sbloccherai un livello completamente nuovo, ricco di meraviglia che non sapevi nemmeno di avere.

Ed ecco qua, le 10 mosse che ti permetteranno di diventare un nuotatore provetto

Ora vai là fuori e sii grande!

www.ingramcontent.com/pod-product-compliance
Lightning Source LLC
Chambersburg PA
CBHW071242090426
42736CB00014B/3182